영구임대아파트 입주 문의

김영진 시집

시인동네 시인선 157   김영진 시집

영구임대아파트 입주 문의

시인동네

시인의 말

'별일 없음',
나 역시 '아무 일 없는 하루'가 이어지길 바랐다.

젊은 의사는 아버지에게서 암세포를 발견했다.
어머니는 더욱 수척해졌다.
꾸밈이나 양념이 필요 없는 말을 주로 하던 아버지는 말수가 줄었다.

묻지 않아도 아는 일이 많아진다.

사랑하는 가족들.

글 속에 사는 모두가 아무 일 없이 지내길 바란다.

2021년 8월
김영진

차례

시인의 말

제1부

할머니 듀오 · 13

진짜 뉴스 · 14

6인실 · 16

2020년 12월 31일 · 18

철근 인생 · 20

하얀 민들레 · 22

캐러멜 택배 · 23

낮달 · 24

영구임대아파트 입주 문의 · 26

봄볕이 짧다 · 28

산동마을 건강검진 · 30

노란 나라 엘리스 · 32

할까 · 34

황태 · 36

드들강 · 38

쥬단학 하늘 날다 · 40

고속도로 걷는 사내 · 42

달빛 · 44

제2부

억새 · 47

등에 단풍 들었다 · 48

동백이 핀다 · 50

가장 특별한 택시 · 51

준배 형 생각 · 52

38년 만의 미투 · 54

이 사람, 배진하 · 56

꽃피는 길 막을 수 없어 · 58

어머니 밥상 · 60

결국 하지 못한 말 · 61

되새 떼는 철새가 아니다 · 62

바람 무덤 · 64

대설, 스무 살 그 겨울 · 66

섬 · 68

동거부터 시작한 사이 · 70

알약 · 72

그림자 청춘 · 74

제라늄이 자란다 · 76

제3부

첫눈 · 79

초여름 첫날밤 · 80

곱으로 갚아줄 궁리하다가 · 82

꽃씨 여물다 · 84

그리운 다나오 · 86

나비 · 87

장미의 호출 · 88

수국 · 90

세방낙조 · 91

징검다리 버튼 · 92

건들지 마라도 · 94

멧새 · 96

와운마을 천년송 · 98

남평 은행나무 길 · 99

꿈에서 싸운 날 · 100

고독 적응법 · 102

인도 다녀온 뒤 · 104

산으로 가는 강 · 106

해설 일상 파수꾼의 노래 · 107
전동진(시인·문학평론가)

제1부

할머니 듀오

목욕탕에 다녀오시나, 두 분 할머니
껍질 벗긴 삶은 계란마냥
하얗고 말간 얼굴로
서로 정담 나누시며 걷는다

동생, 이제 집에 가면 뭐 할랑가?
뭐 하긴요, 시장에나 갈라요
장에는 뭐 하러 갈라고 그란가?
영감 팔러 갈라 그라요
엥, 얼마에 팔라고 그란디?
오천만 원만 주면 팔라고 그라요
오메야, 팔릴랑가 모르것네
그란디 그 돈 받으면 어디따 쓸라고?
천만 원짜리 영감 있음 바꿀라고 그라요

목욕 바구니 나란히 든 두 분
구부러진 등 위로 햇살이
깔깔깔 빛난다

진짜 뉴스

 전 씨는 밀린 추징금 내고 재산 전부 사랑의 열매에 보낸 뒤 사라졌다

 아무에게도 행방 알리지 않았고 골프장에서 봤다는 소식도 들리지 않았다

 전 씨 부부는 광주 사직동 허름한 주택 사글세 단칸방 얻어 지내며 한겨울에도 난방은 주로 전기장판 이용했다

 집 앞 골목에 세워진 손수레, 전 씨는 고개 숙인 채 수레 끌었고 아내는 뒤에서 밀었다

 충장로 금남로 이곳저곳 오가며 폐지 모았다 하루에 많게는 몇천 원 벌었는데 그 돈도 모이면 행정복지센터 찾아 남모르게 봉투 놓고 오곤 했다

 자식과 인연도 끊은 부부가 하는 일이 하나 더 있는데 혼자 쓸쓸히 숨을 거둔 노인 찾아 장례 돕는 일이다

이른 새벽 도청 찾아가 엎드려 절 올리는 일도 전 씨는 매일 거르지 않았다

수레 오래 끌다 보니 전직 대통령 부부라고 알아보는 사람이 생겼다

광주 사람들은 이제 수고한다며 다가가 박카스 건네고 가게 안에 챙겨 둔 박스 꺼내오기도 했다

6인실

옆 환자에게 문병 온 아주머니들

이불이랑 옛 애인은 들추는 게 아니야, 여기서 말해도 되나, 바람? 사랑은 다 실수라니까 깔깔깔

실수라는 대목에 끼어들고 싶다

맞아요, 악기도 원목 잘 다듬어 멋진 소리가 나는 게 아니라 어쩌다 실수로 기막힌 소리가 나오는 거래요

아무 말 잔치에 말 섞고 싶다

무통주사 놓아 달라 외치고 병실 이곳저곳 앓는 소리 이어지던 곳이 수다 탓일까 신음조차 들리지 않는다

다들 눈 감고 있어도 사랑 이야기 담은 링거 바늘, 귓속에 꽂아둔 눈치다

환자에게 오래 머무는 게 아니라는 왕언니 손짓에 아주머니들이 모두 뒤따른다

다시 신음이 흐르는 병실, 나 역시 무통주사가 필요했다

2020년 12월 31일

수고했다는 말 전하려 했을까
흰 눈은 저 멀리에서 한사코 사무실 유리창까지 날아온다

쏟아져 내리는 눈에
문서 파쇄기에 갈려 부서진 회색 글자가
섞인 건 아닐까

어깨 웅크리고 모니터 바라보던 선배도 일어나
곁에서 창밖 바라본다

"눈이 많이 내리네"
"새해 첫날부터 거리에 눈 치워야겠어요"
시간 마음 쓰지 않는 말이 오갔다

코로나에 맞선 동료들
속이 타들어가도 눈 한 뭉치 입에 넣은 듯 견뎠다

하루가 아무 일 없이 다가오고

그저 그리 지나는 날이 이어지길 바랐다

한 해의 끝자락
해결할 일이 많은 내년처럼
무등산에는 흰 서류뭉치가 쌓이고 있다

철근 인생

어릴 적 넝마 덮고 자란 그의 뼈마디는 철근마냥 굵고 단단하다

콘크리트처럼 딱딱하게 굳은 등

문맹인 그에게 술은 말의 시작, 신청서 쓰는 일도 남의 손 빌려야 했다

막걸리 마셨나 보다 낯빛이 흙빛으로 변했다

"목숨 끊지 못해 오늘도 찾아왔다"로 시작한 술주정, 그의 목에서 이따금 쇳소리가 섞여 나왔다

행정복지센터에 가득 찬 술 냄새

소파에 드러누워 누군가에게 말하듯 읊조리더니 오래 지나지 않아 잠이 들었다

철근 옮기고 공중에 매달려 철사 조이는 일은 아내와 아들 딸마저 사고로 떠난 그의 삶보다 아슬아슬하지 않다

술기운 빌어 기초연금 신청하러 온 그는 쇠보다 강한 자존심 바닥에 내려놓았다

하얀 민들레

남상에 기댄 낡은 손수레
간신히 서 있다

홀로 살아온 슬레이트 집
인기척 없다
전화벨이 울려도 받지 않는다

문틈으로 보이는 앞마당

대야에 쌓아둔 배추가 썩고
항아리 뚜껑에 쏟아둔 소금 검게 변했다

아무렇게나 널브러진 그릇들
그늘 잠겨 아무 대답 없다

곰삭아가는 마당 한 구석
활짝 핀 하얀 민들레

캐러멜 택배

 내려가는 승강기에 택배 청년이 탔다 주로 눈인사만 나누던 위층 할머니 포장 뜯긴 과자 만지작거리더니 "몇 개 꺼내 먹긴 했는데……" 캐러멜 과자 먹겠느냐 통째로 손 내민다 받을지 말지 잠시 머뭇대는 청년 '제가 그리 불쌍해 보이세요?' 거절할 법도 한데 장갑 낀 손으로 받아 쥐곤 맑게 웃는 얼굴이 거울에 비쳤다 승강기는 달달한 캐러멜 상자 아파트 일층, 승강기 문 열리자 청년은 배송 트럭으로 뛰어가고 할머니는 보행보조기 민다

낮달

비스듬히 누운 낮달, 미끄러져 내릴 것 같다

할머니께 가족 묻자

"소양강가 신혼집에 젖먹이 딸 두고 신랑 주먹 피해 뛰쳐나왔어."
담담한 답이 돌아왔다

다시 이어진 초기 상담, 무등산 자락까지 흘러온 시간 따라가다 어두워진 눈빛 뒤따랐다

그저 하루를 살아야 했고 불빛 보고 달려든 사내와 하루살이도 했다

자녀와 연락이 닿는지 묻는 말에

"다 자랐을 딸 볼이라도 만지고 싶어, 가진 거라곤 손가락에 낀 금반지가 전부인데 이것이라도 끼워주고 싶어."

그 뒤 할머니 말이 지퍼처럼 잠겼다

시멘트 바닥에 낮달, 웅크린 채 주저앉았다

영구임대아파트 입주 문의

영구임내아파트에서 백 일간 여섯 분 돌아가셨다

스스로 목숨 끊었다

아흔 살 넘은 노인 잠든 손자 두고 자신 지탱하던 보행기 밟고 뛰어내렸다

아픈 손자도 할아버지께서 사라진 어둠 속으로 아슬아슬한 삶 맡겼다

밥 먹을 때라도 패지 말라며 울부짖던 장애인, 아버지가 음주 폭력으로 경찰에게 잡혀가자 집 밖으로 뛰어내렸다

아파트 복도 울음소리 멈췄다

가계 빚 쪼들리던 아주머니는 희망보다 절망이 익숙하고 죽음은 삶보다 두렵지 않았다

여섯 분 돌아가신 뒤 자리가 빈 영구임대아파트 들어갈 수 있느냐 문의 이어졌다

당장 들어가시기는 힘들고 신청자 많아 일 년 이상 기다려야 한다는 답 드렸다

봄볕이 짧다

눈동자 스민 황달 이제 얼굴 덮쳤다

예순넷까지 삶 언덕 가팔랐고 병원 중환자실로 실려 오기 전날까지 자활 공공근로로 쓰레기 치웠다

외래진료 받아도 출근 거른 적 없던 분

댁을 찾아가 이층 단칸방 문 두드렸다

홀로 조용히 떠나도록 한사코 가만 두라 했으나 방 안에 그냥 둘 수 없어 구급차 불렀다

병실 유리창으로 달려드는 봄볕, 기운 없는 손을 잡고 이마 머리카락 넘겨드린다

혼자 살아오신 삶, 유일하게 연락 닿는 남동생에게 알리지 말라 부탁하셨지만 그 말씀 들어드릴 수 없었다

기운 내세요 이겨 내셔야죠 물으니 아주머니 샛노랗게 웃으신다

병실 비춘 봄볕이 짧다

산동마을 건강검진

이 년에 한번 누구나 받아야 하는 건강검진

검사 순서 따라 피 뽑고 엑스선 촬영, 몸이 잠들길 기다린 내시경은 위와 장 지났다

일주일 뒤 결과 알려준다고 날짜 위 붉은 동그라미 그린다

내 마음 묻는 의사는 없다

병원에서 얻은 쿠폰으로 죽 한 그릇 비우고 어디로 갈까 궁리하다 찾아간 지리산 산동마을

산자락 휘감고 피어난 산수유꽃, 지나는 사람 머리 위로 노란 고깔 씌우느라 분주하다

그늘 아래 항아리처럼 쭈그려 앉은 내게 꽃이 가지 길게 늘어트리며 묻는다

마음은 어떠냐고 힘들지 않느냐고

아무런 대답 못하고 눈시울만 뜨거워졌다

노란 나라 엘리스

시퍼렇게 멍든 마음도 물구나무서기 하면 나비가 날까

거꾸로 선 나무, 다리를 하늘로 향한 채 가지마다 무수한 노랑나비 매달았다

가지 끝에서 땅으로 내려앉는 나비, 뒤집어야 보이는 노란 나라

엘리스는 병아리 걸음으로 나무줄기에 다가서 통통 두드렸다

나무는 닫힌 문 열어 노란 나라로 들어오라 손짓하고 주머니에 담긴 손톱만 한 황금알 한 움큼 쥐어줬다

카메라 든 나무가 샛노란 플래시 슝슝 터트리며 사진 찍는다

노란 나라는 아무도 쫓기지도 쫓아가지도 않는다

나무는 잎 지는 일도 즐거워 노랗게 웃고 엘리스는 나무 곁에서 자전거를 탄다

할까

저녁달이 굶주린 배처럼 푹 꺼졌다
한잔할까
주월주꾸미, 거문도횟집, 삼순이전집
술집 늘어선 사무실 부근
거리 불빛이 옷깃 끌어당긴다
뱃속은 이미 탁자 위에 놓인 빈 소주잔
갑자기 나오라 말할 이 마땅치 않고
홀로 마시자니 처량한 노릇
그러고 보니 자꾸 할까만 는다
물어볼 말 있어도 놓치고
그리운 이 떠올라도 연락 미룬다
만날까 먼저 말한 친구와 약속 잊고
태안화력에서 일하다 숨진
스무 살 청년의 빈소라도 가야지
생각하다 분향도 못한다
집으로 말짱하게 돌아오니
아내보다 키 큰 두 딸이
연예인 보는지 공부를 하는지

노트북 앞에 앉아 바쁘다
치우지 않은 그릇 씻고
일 마치고 한밤중 돌아와
화장 지우는 아내에게 묻는다
할까?

황태

구워온 황태포 씹다
어금니 깨진다
황태가 날 깨문 것은 아닌지
오래 입은 청바지 주머니에
쪼개진 조각 밀어 넣는다
깨지는 건 그 무엇이든 짠한데
날 삼키고 달아난 황태
내 뱃속 어디 헤엄치는지
아랫배가 자꾸 가렵다
눈보라치는 거리
술 마신 황태도
비틀대며 휘젓고 다니나
불룩한 배가 한쪽으로
실그러지고 가렵다
눈발이 그물처럼 온몸
달라붙는 밤
바다에도 눈 내릴까
망에 잡힌 것은

어포만 씹는 난 아닌지
물고기 헤엄치듯
흔들거리며 걷는다

드들강

소주잔 비우듯 일하는 친구에게
강 보러 가자 묻자 말없이 뒤따랐다

해 지는 강 바라보면 물은 흘러와 몸에 고였다

강물 따라 가는 눈길
노을이 그녀 마른 어깨 위에 앉았다가 이내 물로 스몄다

둑길 지나는 사람도 하나 둘 사라지고 노을마저 어둠으로 여울지는 강변
차 세워둔 곳으로 돌아가는 길에 물었다

"팔짱 끼고 걸을래? 내 팔뚝에도 강물이 흘러"

고양이마냥 회동그래진 눈
서로 눈 피한 채 강가 걸었다

힘든 친구 달래주러 간 길, 왜 난 엉뚱한 말을 했을까

걸은 지 얼마 지나지 않아
드들강 둑길에 웃음보가 터졌다

쥬단학 하늘 날다

성모상 곁에서 조금 전까지 지난날 말씀하시더니 어느새 바닥에 누워 낮잠 주무신다

어머니 발뒤꿈치 굳은살, 십자가 박힌 못이 걸어 나와 박힌 것마냥 단단하다

자신 삶 친정 알려질까 고향 쪽으로 고개도 돌리지 않으셨다는 말씀 시작으로 다시 옛일 떠올린다

고흥 주조장 셋째 딸로 큰집 살림 도맡아 지냈고 공무원 사위 두려는 외할아버지 소개로 네 아버지 만났다

회사에서 주던 남색 유니폼으로도 가려지지 않던 시댁 가난

화장품 담긴 검정 사각 가방을 손수레에 싣고 무등산 아랫마을까지 끌고 오르면 사람들은 날 "쥬단학 아줌마" 그리 불렀다

가방에 담긴 크림이나 화장품에 새겨진 학은 장사가 잘될 때면 하늘 날았다

밤이면 어린 아들 딸 옷가지 되고 학은 한 톨 쌀 되어 장독 채웠다

직접 보고 자란 이 이야기는 되풀이해 들어도 지겹지 않아 말씀하시는 어머니 눈을 오래도록 바라보곤 했다

쥬단학은 누워야 선명해지는 뒤꿈치처럼 자주 드러나지 않지만 씻어도 씻기지 않는 각질이 벗겨져 종종 하늘을 날았다

고속도로 걷는 사내

고속도로 위에서는 씨앗, 싹 틔우지 않는다.

앞만 보고 달려라 120, 140, 160킬로미터……, 멈출 수 없다 가속페달 밟아라.

방어막 바깥은 평야. 연분홍 노을빛 쉬어 가라 붙잡아도 달려라. 지평선이 펼쳐져도 눈길 거두어라.

속도 늦추지 마라. 머뭇거리지 마라.

고속도로는 걷는 사람 가만 두지 않는다. 심장에 켜진 비상등, 어두워질수록 운전대 쥔 손이 부들거린다.

그때 앞 유리에 비치는 사내는 고속도로 앞서 걷는다.

달리는 자동차 속도가 높아질수록 더욱 느긋하게 걸어가는 저 사내.

속도는 영토의 외곽까지 전용도로 뚫기 바란다.

전파로 값 치르는 톨게이트, 사내에게 어서 도심으로 들어오라 손짓하는데.

달빛

밤꽃자루 거꾸로 매달아 놓은 듯 상여 위로 달빛 쏟아진다

손님 맞느라고 수척해진 아들과 며느리의 그림자 위로 달빛 제 숨결 내려놓는다

차일 쳐진 마당에서 아이스크림 물고 뛰어다니던 손자도 어느새 마루 위에 잠들어 있다

아침이면 평생 일구시던 산비탈 밭으로 떠나야 할 사람, 거기 둥그렇게 앉아 계실 어머니 곁에서 소쩍새 운다

화톳불 꺼진 마당, 달빛으로 환하다 밤이 깊어도 달은 떠나지 않는다

제2부

억새

바람 지나도록 억새는 고개를 숙여준다

가을은 너그러운 이에게 찾아온다

등에 단풍 들었다

저음 뵌 노인이
다가오라 손짓을 한다

등 밀어줄 젊은이 탕 안에서 고르신 것 같아
말없이 등 뒤 다가가
팔꿈치 안쪽까지 밀어드린다

아버지 밀어드린 지 언제던가
남에게 내 등 맡긴 날도
기억나지 않는다

날 선 말에 찔리고 베인 등

노인이 손끝으로 날 톡톡 치시더니
이제 내 등도 밀어 주시겠단다
손사래 치는 내게
등 두드리시며 괜찮다 하신다

노인께 등 맡긴 뒤 감았던 눈 뜨니
내 등에 고운 단풍 들었다

거울에 비친 내 등 자꾸 바라봤다

동백이 핀다

신흥리 울타리에는 붉은 눈물이 진다

저 꽃 진 자리 땅 땅
바닥 엎드린 아방 얼굴 짓이겨 놓던 총성

꽃봉오리, 아버지 가슴 박힌 탄알 같아 모조리 베어버리려다 입술 깨물기도 했다

팔십 넘어도 동백 피고 질 때마다 그날 잊히지 않아
아니 잊지 않으려고 마을 지켰다

무시로 떨어지는 눈에 옥살이와 죽음마저 억울하게 덮일까
골목 쓸고 또 쓸었다

군락지 동백꽃 다시 한창이던 때
재판장은 세상 떠난 죄수들 무죄 선고 내렸다

마을 사람 눈동자마다 붉은 꽃물이 들었다

가장 특별한 택시

빗줄기 굵어져 붙잡은 택시, 보조석 앉아 고개 돌아보니 뒷좌석 바닥까지 신문 깔렸다

광주에서 가장 깨끗한 차 타셨네요, 기사는 묻지 않아도 먼저 말한다 차 오른 승객마다 들려준 듯한 목소리로

일한 지 십 년 됐고 제 나이 마흔아홉, 하루 여덟 시간 청소해요, 매일 엔진 청소, 하부 살피고 세차와 왁스칠까지, 아, 비 내리는 날은 짧게 세 시간이에요

집에서도 비슷해요, 신발도 각이 있게 정리하고, 하수구 막힌 것은 아닌지 매일 살피지요, 누님은 저보다 더 깔끔했어요

이게 다 어머니 닮아 그래요

아 그래요 깨끗하니 좋네요 가벼운 맞장구 남기곤, 저 운전자 아이도 아버지 닮았을까 생각한다

준배 형 생각

흐린 하늘은 눈물 억누른 슬픔

스물일곱에 샛별 된 형 만나러 추도식 모인 사람들
두 손 내밀고 서로 어깨 끌어안는다

느슨하지 않게 삶 조이던 선배는 야위고, 나사로 박히던 후배는 살집 좋은 중년이 되었다

밥 사고 누굴 돕는 일조차 이로움 헤아리는 난
집회 나가도 아스팔트 오래 앉지 않는다

묘비 앞에는 형 친구들, 뒤로는 후배들 줄지어 섰고
타협과 우회의 길 가지 말라
영원히 살기 위해 원칙과 정도의 길 가라
무덤가 뛰놀던 아이도 손 모아 형 남긴 말 듣는다

몸에 박혀 살이 된 나사못, 그래서일까 막힌 길 걸을 때면 가슴이 시렸다

갈 길 정하지 못하고 구멍 뚫린 날 형은 언제나 곁에 서 있었다

38년 만의 미투*

교사로 실면서 오월의 오자도 꺼내지 않고 그리 38년 살았어. 청춘 빼앗아간 오월.

음악교육과 4학년이던 5월 도청으로 들어갔어. 학생수습대책위원으로 주로 출입증 야간통행증 무기 회수 돕는 안내방송을 했어. 군인이 도청 진입하는 날 빠져나왔고.

담양 중학교로 몇 달 뒤 교생 실습 갔는데, 계엄사령부 수사관들이 들이닥쳤어. 학교에서 끌려간 곳은 상무대 영창, '넌 이제 무기징역이야'라고 겁을 주더라.

모서리에 이마가 찢기고 피 흘리는데도 폭행은 멈추지 않았어. 소령 계급 단 수사관이 하루는 날 데리고 밖으로 나갔어. 여관으로 끌려갔는데, 대낮에 짓밟히고 말았어. 계장이라 불린 그놈에게.

꼬박 65일 갇힌 뒤 풀려났어. 엄마는 그 무렵 방황하다 이듬해 첫눈 내리는 날, 너를 낳았다. 할머니는 충격으로 세상

떠났고, 할아버지도 초등학교 교직에서 쫓겨났어.

그동안 네가 상처 입을까 말하지 못했어. 이제 커서 말할 수 있구나. 딸아 곁에 있어줘 고마워, 엄마 좀 안아주렴.

---

*한겨레신문 2018년 5월 8일에 실린 '5·18 그날의 진실' 정대하 기자의 취재 기사 인용.

이 사람, 배진하

삭발한 이 여자
잘려 나간 긴 생머리 손에 쥐고
단식 이어가고
살찐 저는 자르지 않아
덥수룩한 머리 넘깁니다
당의 해산
유난히 추운 겨울
당분간 거리에서
백팔 배 할 일이 많다는데
속 썩는 사람 곁에 두고
동남아 승려 같다
말 걸고
둘이서 목탁 소리마냥 맑게 웃습니다
수백 수천의 생각 중
어느 마음 하나
꽃봉오리로 피었다고
뿌리까지 뽑는 세상
다시 이 사람

생머리 기르는 날
기다립니다

꽃피는 길 막을 수 없어

두 정상이 도보다리 의자에 앉자 나뭇가지조차 연둣빛 새순 내걸었다. 5·1 경기장에서 "70년 헤어졌지만 5천년 함께 살았다"고 말하자 15만 평양 군중, 평화의 무지개 바라본 우리는 환호했다.

남광주시장 골목, 술집에 모여 "평화가 좋다 통일이 좋다" 외치며 막걸리 잔 비웠다. '결코 뒤돌아가지 않을 것'이란 말 되새겼다.

베트남 하노이, 인공기와 성조기 앞에 선 두 사내는 입 굳게 다물었고 평화조차 거래로 삼는 자는 'No deal' 외치며 중계 화면에서 사라졌다.

금강산으로 소풍 가고 개성공단이 다시 불 밝히길 바라는 시민 열망은 유엔 제재 이름으로 막혔다. 남북이 만나지 못하게 어깃장 놓으며 워킹그룹이라 말했다.

평화가 비켜간 자리에 코로나 바이러스가 찾아왔고, 마스크

쓴 사람뿐 아니라 남과 북 모든 경계에 울타리가 자랐다.

 하루 20만 명이 바이러스로 확진되는, 참 아름다운 나라 아메리카에 들어선 새 정부. 지도자가 달라졌을 뿐 중국과 러시아 견제할 한반도 분단 유지는 여전히 그들의 바람일지 모른다.

 시민들은 코로나 바이러스와 싸우며 평화와 화해 가로막는 유리벽이 누구인지 소름 돋도록 지켜봤다.

 매화가 피고 지면 벚꽃이 꽃망울 터트리는 남녘, 진달래 꽃길은 백두산이나 개마고원 산마을까지 거슬러 올라간다. 꽃피는 길, 시민이 걸어가는 평화의 길은 그 누구도 막을 수 없다.

어머니 밥상

 산밭 쑥으로 된장국 끓였으니 먹으러 오라는 전화가 왔다 가정 꾸린 뒤 이십 년 넘어 뭐 그리운 맛이 있겠나, 아내에게 그리 말해놓고 부모님 댁으로 가는 내내 그 맛 떠올렸다 밥상 위 신선초 냉이 봄나물 반찬 사이로 닭까지 삶았다 쉰 앞둔 아들이 대상포진 걸린 걸 알고 부르셨을까 어머니는 자식 위해 밥상 차릴 때 알고 앓는 소리 내지 않아도 자식 신음 듣는다 그만 일하시고 점심 함께 드시자고 아무리 말해도 보자기에 반찬 싸느라 바쁘시다 드시지도 않는, 며느리 좋아하는 민물붕어 졸이느라 주방에 서 계시는 어머니

결국 하지 못한 말

서울 가는 길, 창가에 앉은 청년이 창 가리개 내린다 열차 출발한 지 오 분도 지나지 않아 하늘이 가려진다 마스크 낀 채 복도 쪽에 앉아 숨 쉬기도 답답한데 눈앞마저 흐려진다 간이 탁자 펴고 익숙한 듯 노트북 꺼낸다 이어폰 꽂고 시선 고정한 채 자판 두드리고 무언가 외운다 긴장한 얼굴이 화면에 반사된다 얼핏 들판이 보이기에 '혹시 가리개 올리면 어때?' 물을까 하다 흠 한 줌만 한 말 꺼내지 못하고 삼킨다 서대전 지나 고개 숙인 채 잠든 청년, 문득 대학 마치고 용산행 기차 오른 동생이 떠올랐다

되새 떼는 철새가 아니다

맘 편히 부리 쏘을 둥시도 없이
지리산 기슭 떠돌던 되새 떼,
밤송이 같은 품안에서 도리질치는
어린 새끼들, 깊이깊이 껴안는다.
대나무 숲 사이 이내 솟구쳐 오른다.
섬진강 모래바람 뚫고 올라와
몇 번이고 되돌아보며 긴 눈길 남긴다.
그렇게 지리산 기슭 떠난 되새 떼,
돌아올 날 오리라 손꼽아 기다리더니
이윽고 지리산 기슭 찾아와 날아오른다.
노을이 살얼음에 몸 기대는 어스름 속으로
하동 계곡 여기저기 날아오른다.
더러는 백운산 계곡에도 쉬어본다.
대숲 속에 둘러앉아
은빛 갈빛 날개 퍼덕거려도 본다.
한 무리, 두 무리 쌍계사에 머물며
합장한 채 절도 하고 기도도 한다.
휘모리 바람 타고 올라갔다가

하늘 구름 폭포수로 내려앉기도 한다.
지친 몸, 산길 바위 등에 기대어
거친 숨 내쉰다 꾹 참았던 눈물
겨울비처럼 흘려 날개깃 적신다.
살얼음 녹는 우수 경칩 넘기지 못하고
비척비척 지친 제 날개 펼쳐
타향 찾아 다시 길 떠나는 저 되새 떼.

바람 무덤

코끼리는 골짜기 은밀한 곳에
상아탑 쌓는다

허공 떠도는 바람은
어느 곳에 무덤 쌓는가

허공에 부채 활짝 펴 흔들면
세찬 바람이 불고
장정이 모여 들었다는 무등산 의병길*

제월당 뜨락 둘러봐도
긴 담장 아래 흘러내리는 계곡
너럭바위 어디에도
바람무덤 흔적이 없다

소쇄원 광풍각
마루 끝에 걸터앉는다

댓잎파리에 부딪치는 바람이
시르죽는 소리
텅 빈 대나무
바람 삼키는 소리 듣는다

대숲이 어둠에 잠긴다
바람이
의병의 창처럼 솟아오른다

---

*무등산 의병길은 김덕령 장군의 의병 활동 시기 다녔던 풍암제에서 제철유적지까지 3.5km 구간을 말한다.

대설, 스무 살 그 겨울

눈보라 그치고 눈발만 굵어지는 오후

산행에서 돌아와 옷가지 말리는 내게 그날은 어떻게 돌아갔는지 묻는다

그날에 대해 말한 적 없다 눈으로 덮어둔 추억쯤으로 간직했다

삼십 년 된 청춘이 눈길 위로 걸어온다

짝사랑 만나러 간 전주, 손잡으면 함께한 시간도 녹을까 용기 내지 못하던 날, 시간은 짧게 지났다

남동생과 자취하던 송천동 집에 바래다주고 전주고속버스터미널로 가는 길

버스 놓치지 않으려 뛰고 달렸으나 광주 가는 막차 놓쳤다

지갑엔 버스비만 남아 난로조차 꺼진 터미널 대합실에서 새벽 첫차 기다렸다

신문지 두른 스무 살 눈사람, 낡고 긴 의자에 앉아 창밖 쏟아지는 흰 눈 바라보던 밤

불 꺼진 난로 곁에서 밤 새던, 얼굴만 봐도 몸이 얼지 않던 대설 그 겨울

섬

아버지는
농사라는 바다에 떠 있는 섬
흔한 자전거도 타지 않고
오로지 걷기만 하셨어요
오토바이는 배우지 않고
오로지 두 발로 걷고
두 손으로 마늘 캐고
곡식이나 채소
지게 발채에 담아
짐 진 채 집으로 돌아오셨죠
사람들이 트랙터로 밭 갈 때도
소 끌고 가 밭 갈았어요
육지 요양병원에서
소금밭에 고인 바닷물처럼
말라가시면서도
마늘과 양파밭 걱정하는 분이셨어요
목포 앞바다
끝내 건너지 못하신 아버지

아버지는
몸뚱이 하나로 사시는
농부라는 섬이셨어요

동거부터 시작한 사이

 같이 살아도 누워 뒹굴지 않고 품으로 파고들면 밀어내고 끌어당기면 품에서 벗어난다

 집으로 들어온 지 이제 팔 년

 무턱대고 동거부터 시작하는 게 아니라고 너를 데리고 온 아내와 다퉜다

 딸들은 성난 얼굴로 내게 묻곤 했다

 오랜만에 둘이 나선 외출, 앞서가는 네 꼬리는 개나리 꽃망울마냥 흔들렸다

 천천히 걷다 멈춰선 너, 고개 돌려 총총한 눈으로 물결보다 더 느리게 내게 물었다

 '목줄 좀 풀어주실래요?'

마음껏 뛰어가도록 놓아주고는 뛰어가는 네 뒷모습 바라봤다

강아지 잃어버렸다고 뭐라고 말하지 잠시 생각하는데, 멀리 달려가던 네가 돌아와 내 주위 서성였다

알약

책상과 의자가 천정으로 솟구쳐요

보이는 것들이 모두 출렁거리고

허공으로 몸이 떠올라 바비큐 통구이마냥 돌더니

목 옆에 혹이 볼록하게 생겼고요

증상 듣던 의사는 귓속으로 내시경 밀어 넣는다

모니터 한참 바라보더니

흰 알약 처방해 준다

먹어야 할 약이 하나 더 늘었다

돌아와 자리에 앉은 사무실

손가락이 자꾸 자판 빗겨갔다

그림자 청춘

눈 내리는 입춘이라니
만남 미루지 말자며
서서학동 예술인촌으로 다들 모였다

구국의 글발 외치던 후배는
유명 소설가 됐고
초등학교 교사, 상담가, 공무원, 농사꾼
사는 모습도 모두 다르다

무대 없이도 기타 메고 노래 부른다
서로 안부 묻지 못한 날
스무 해가 넘어도 반갑다

술에 취하다 보니
연세대 과학관에 갇혔던 96년
연기 가득한 옥상
잃어버린 울부짖음 찾아왔다

아침에 우린
지난 하루를 비빔밥으로 섞어
깨물고 삼켰다

광주로 오는 길가
어제 내린 눈이 녹는다
봄, 가끔 겨울이었던 젊은 날
그림자 청춘 서 있다

제라늄이 자란다

거실 베란다 탁자 위 제라늄 꽃봉오리들

건들면 불 놓을 성냥개비 같다

농원 이곳저곳 한참 머물다 골라온 내게 주인은 또래가 주로 고르는 꽃이란다

잎 건들면 지린내 퍼트리는 식물

벌레도 가까이 오지 않는다는 화분 푯말

집에서 키울수록 몸에 지독한 냄새가 자꾸 기어올랐다

젊은 아버지 몸에서 가끔 맡던 쓰디쓴 향

내 몸에도 불꽃 꺼진 연기에 섞인 유황 냄새가 나곤 했다

제3부

첫눈

날 따라오라
손목 이끈 것도 당신

땅에 닿으며
먼저 놓은 그 손

여러 갈래
찢긴 마음 사이로
찬바람 분다

기다리다
홀로 돌아온
저녁

발등 위
떨어진 첫눈

초여름 첫날밤

달맞이꽃 생사나?

둘이 떠난 첫 여행지 송광사, 물가에 핀 꽃을 어찌 잊겠는가

등 굽은 소나무도 우릴 바라보느라 잠들지 못하던 밤

그때 머문 여관 달린 식당, 가게는 그대로일까 싶어 문 열었다

주인이 딸로 바뀌었을 뿐 방도 여전하다

도토리묵에 막걸리 마시고 우린 그날처럼 물가에 몸 오므라뜨린 채 앉았다

봐봐 내 얼굴, 변함없잖아 목소리도 똑같고 그렇잖아?

술기운 머금은 이십 년 된 꽃이 자꾸 묻는다

쪼개져 누운 달이 일어나 싱겁게 웃는 밤

달맞이꽃 기지개 켜던 초여름 밤

곱으로 갚아줄 궁리하다가

넌 모자라다는 말 수화기 선너왔다
힘껏 살아온 날 몰아세웠다

오히려 난 사과했다
그렇다고 술잔 앞에서 악 따위 쓰지 않았다

사람에게 잘 눌리는 나는
질경이와 같은 피가 흘러 밟히고도 곧잘 일어났다

종일 걷다 방파제에 앉아 바라본 바다

해안선이 파도에 사라졌다
다시 모습을 드러내고
초라한 내 모습 잊으려 해도 물결 위로 자꾸 튀어 올랐다

"참지 마! 비난을 견딜 나이란 없어!
인정받기 위해 언제까지 속 태울 거야?
빈틈없으려는 강박이 문제야!"

누군가 바다 속에서 걸어 나와 소리쳐 주길 바랐다
바다 향해 소리 질러도 묵음이 돌아왔다

곱으로 갚아줄 궁리하다가 올레길 다시 걸었다

꽃씨 여물다

지난밤 함부로 쏟아지는 빗방울들
호박 이파리 더듬었다
자맥질하던 샛노란 꽃들 잎과 함께 젖었다

아침 햇살 비추고 마파람 분다
호박 줄기 허리춤에 맺힌 물방울 후루룩 턴다
허공에 날개 펼치듯
젖은 속치마 홀홀 털어 말린다

미모 흘금 엿보던 호박벌 한 마리
연하게 퍼지는 암술의 밑씨 내음에
아랫도리 흔들린다

거센 날갯짓으로 주위 맴돌다가
후다닥 호박꽃잎 속으로 파고든다
한동안 망설이던 다른 벌들도
꽃들의 손짓에 끌려 날아든다

꽃가루가 호박벌 몸에 달라붙는다
암술에 제 입술 포갠다
꽃씨가 영글기 시작한다

넓은 저고리 고름 풀어헤친 잎들
여름 한철 내내 시들지 않는다
호박이 여문다

그리운 다나오

어둠 짙어진 세부 디나오 마을
수영복으로 갈아입은 별
앞다퉈 바다로 뛰어든다
아이들도 어깨와 볼 감싸는 바람에 이끌려
바다로 달려간다

이곳에 터 잡고 살아온 형
낯선 땅 익숙해지기까지 주름도 깊었으리라
형은 솜이불 속처럼 포근한 여름으로
한겨울 살던 우리 불렀다

다시 오지 못할 길 찾아온 사람마냥
형과 목 쉬도록 옛 노래 부르고 기타를 쳤다

아내는 산호로 쌓아올린 성당에서
밤새 타오를 붉은 초 켜두고
아이들 웃음소리 밤하늘 밝혔다

나비

엎드린 내 등 위로
제 등 대고 눕는다

아기 때 내 배 위로 기어올라
잠들던 딸
소설 몇 줄 낮은 소리로 읽어주니
아빠 등이 참 편하다
말 몇 마디 잇는다

숨이 잔잔하다
양 날개 내려트리고
금세 잠이 들었다

서울로 대학 간
언니 따라 가겠다고 한다

장미의 호출

'네려와줘 힘들이'

 응급 출동, 문자 짧을수록 급하다는 걸 안다 차로 밤길 달린다

 학생들로 북적거리는 교문

 도로 가득 메운 여고생들 사이로 걸어오는 딸

 학교 담장 아래로 흘러내린 오월 장미 같다

 열어둔 차창 아빠 보고는 달려와 뒷자리 오른다

 집으로 돌아온 뒤 수험서 들고 방바닥 주저앉아 망사도 씌우지 않은 선풍기 끌어당긴다

 제 머리카락 날리는 모습 신나는지 한참 앉아 있다

학기말 시험이 코앞이라 자면 안 된다고 혼잣말하더니 바닥에 잠든 딸

불빛 설핏 비춰 깨어나 아이 방 바라보니 새벽부터 장미가 책상에 앉아 있다

수국

속상하고 힘든 일이 있냐
물어도
꽃은 바람 따라 고개만 가로 젓는다

줄기 끝마다 수십 개씩
피어오르는 꽃봉오리
말이 없다

보라에서 분홍으로
빛깔 달리해 피는 꽃

어린 꽃 등교 위해
아파트 화단 앞에서 출근시간 미룬다

책상 앞에 엎드려
눈물 흘리던 꽃에게
이유 묻지 않았다

세방낙조

늦은 오후 아이들이 생각나 찾아간 진도

밭에 자라던 유채꽃도
찻길 가장자리까지 나와 반긴다

물결 위에 햇살이 소금처럼 빛난다
바다로 찾아온 노을
섬을 진달래 꽃빛으로 물들이고

노을이 슬픔마저 빛나는 현수막 사진 속
아이들을 닮았다

수평선 아래로 해가 잠겨도
아이들 붉은 눈빛은 어둠에 묻히지 않았다

징검다리 버튼

소식 알 길 없던 이와 다시 만나 걸으니 마음도 붉다

어금니 앙다문 날 많아 꺾인 사랑 잊은 지 오래

새로운 일이 느티나무 잎만큼 무성히 자랐다

안부 물을 일 없이 지내온 삶 그러다 오늘, 서로 배낭 멘 채 약속이라도 한 듯 마주쳤다

"시간 흘러도 그대로네"로 시작한 이야기, 말이 오솔길 따라 오르내렸다

다른 길 지나왔어도 물길은 서로 만나고 그때로 돌아갈 일 없어도 지나갈 다리 놓을 때 있다

계곡 저편으로 건널 징검다리 시선 둔 채 흔들리는 가지처럼 잠시 서성였다

발 디디면 현실로 돌아가는 저 돌다리 버튼, 우리보다 노을이 먼저 밟고 지나갔다

건들지 마라도

싫은 소리 않고 그저 내 탓 하는 게 속 편했다

참는 일 익숙해졌다

아버지는 손해 보는 것이 낫다 말씀하셨고, 신부님 곁에서 처음으로 생각지도 못한 죄마저 용서해 달라 고백한 건 중학교 입학 무렵

부탁 거절 않고 상처 남아도 참고 견디며 누구나 좋아해 주길 바랐다

미움 받을까 말하는 대신 고개 돌리고 뒷걸음쳤다

나이 마흔아홉, 제발 내 탓 하지 말자, 마라도까지 내려와서야 다짐한다

절벽에 맞선 파도처럼 벼랑 끝 향해 고래고래 소리 질렀다 남쪽 바다로 착한 아이 떠나보냈다

모슬포로 돌아가는 배, 바다가 출렁거리고 섬이 돌고래마냥 솟구쳐 올랐다

물러서지 않고 비켜서지도 않는 날 이제 건들지 마라

멧새

태풍이 지나간 수락폭포
물줄기 커지고
바위에 부딪치는 물길 거칠다
차갑게 식은 골짜기
떨어지는 물기둥
그 기세에 눌려
물거품 이는 웅덩이
가까이 가지 못한다
바짝 졸아버린 몸
굳은 다리는
발가락조차 담그지 않고
꺾인 나뭇가지처럼
난간에 비스듬히 기대
외마디 소리도 내지 못했다
맷집 좋은 사내라고
불리던 적은 옛말
그때 획 저기 폭포로 날아가는
조그만 멧새 한 마리

두들겨 맞더라도
일대일로 붙고 보는 싸움꾼처럼
폭포 향해 날아가
물길에 부리 꽂는다
저러다 날개 부러지지
걱정하는 순간
물길 속으로 사라졌다

와운마을 천년송

눈이 쌓일수록 꼿꼿해지는 나무는 눈길에 새겨진 발자국의 고독 눈치채고

등산복 곱게 차려 입은 노인이 나무 곁에서 '다리 힘이 없어 다시 오지 못할 것 같아' 속삭이곤 하지

큰 눈이 가지에 쌓여 꺾일 듯 위태로운 날에도 나무는 새와 짐승의 울부짖음 기억하고

나무는 불쑥 찾아와 붙들고 우는 사람 끌어안아 아픈 기억 내려놓고 가게 하지

지리산 와운마을에 가면 세상 떠난 사람들 잊지 않는 천년 소나무가 살지

남평 은행나무 길

시월 남평읍 은행나무 길에 황금이 쏟아졌다

이곳은 문 열고 들어온 사람
신용 따지는 곳과 달라 돈 세는 이 없다

갚을 일 많아 걱정 많은 사람도
노란 은행잎 아래 모여 환한 가족사진 남긴다

앞 보고 달렸어도 손에 쥔 게 없어
허전한 날이면 남평 은행나무 길 걷는다

엄지손톱만 한 순금 땅에 떨어져도
누구도 줍지 않고 찾아온 사람 모두 넉넉해지는 길

햇살 눈부신 가을이면
일 잠시 멈추고 은행나무 길에서 하늘을 본다

꿈에서 싸운 날

넘어뜨러라
샅바 잡고 허리춤 뒤흔들며
꺾어 눕혀라

그렇지 않으면 네가
바닥에 처박혀서
모래알 한 움큼 삼킬 테니

틈새가 보이면
호미걸이 기술 써라

왼다리가 들어오면
샅바 힘껏 당겨라
잽싸게 안다리 걸어라

모래판에서는
승자만 살아남느니

자다가 침대에서 떨어져 바닥으로 던져진 아침
잠 깨서도 아직 분하다

고독 적응법

처가에 와 할 말 떨이진 시내

눈치채지 않게
자동차 트렁크 넣어둔
등산화 꺼내기

백운사 가는 숲길
여름에서 가을로 흐르는 만경강
강줄기 따라 걷기

숲에서 덜 여문 밤알
길 위 떨어진 덜 익은 감
호주머니 담기

강둑 앉아 바람 쐬기
떫은 감 썩둑 베어 먹기

'삶은 그리 달달하지 않아'

딸들에게 먹히지 않을
텁텁한 말 어찌 꺼낼지 궁리하기

인도 다녀온 뒤

갠지스 강이나 지리산 토굴이 아닌 지하창고

가을, 겨울, 봄 캄캄한 지하 어둠 속에서 눈 감고 속마음만 바라보다 먼지 뒤집어쓴 채 세상에 나왔다

가부좌 튼 온몸에는 물빛 천이 감싸여 있다

토굴에서 나온 장발의 수행자나 물속에 몸 담근 힌두교 승려 모습이 아니라 아무도 알아보지 못했다

두 팔로 선풍의 몸체 들어 올려 동료들 의자 뒤편 빈 곳에 내려놓는다

꼿꼿이 앉아 있는 선풍, 여름이 지나도록

지나는 바람 불러 세워 어디서 오는 길인지, 이후에는 어디로 가는지 물었다

저속 중속 고속 선풍이 바람에게 주문 걸면 사무실은 금세 선선해지곤 했다

산으로 가는 강

강은 자신이 이리 거칠었는지 알지 못했다
길 삼킨 뒤 새로운 길 냈다

구례 떠나본 적 없는 노인은
도로 삼키고 마을로 역류하는 강 처음 봤다

흙과 뒤엉켜 문지방 넘어온 강물에
축사 잠기고 지붕이 잠겼다

물 밖으로 나오지 못해
물 위로 고개만 내밀던 황소는
암자로 떼 지어 오르고

강은 자신이 믿기지 않아
불어난 몸 이끌고 산으로 올랐다

해설

일상 파수꾼의 노래
―김영진론

전동진(시인·문학평론가)

안녕

"안녕!, 온갖 고통의 세계가 이 말 속에 놓여 있다." 어떻게 그것이 그 말 속에 살고 있을 수 있는가? ―그것은 그 말과 연관되어 있다. 그 말은 그로부터 참나무가 자라날 수 있는 도토리와 같다.[1]

우리의 일상은 '도토리 키재기'와 같게 느껴진다. 굴참나무, 떡갈나무, 신갈나무, 갈참나무, 졸참나무, 상수리나무는 도토리가 열리는 6형제다. 열매로야 형제이지, 나무의 생김은 토끼 같은 것도 있고, 호랑이 같은 것도 있고, 기린 같은 것도 있

---

1) 루트비히 비트겐슈타인, 『문화와 가치』, 책세상, 2014, 117쪽.

다. 그중 상수리는 '무소'를 닮은 것 같다. 사철 푸른 붉가시나무에서도 도토리가 달리는데 이 나무는 아파토사우루스만큼 커다랗다.

똑같이 생긴 도토리에서 제각기 다른 도토리나무가 자라는 법칙은 어디에 놓여 있는가? 라고 비트겐슈타인은 묻는다. 우리의 일상도 그만그만한 '도토리' 얼내 같다. 그 열매에서 자라나는 우리들의 삶의 의미는 천양지차(天壤之差)를 이룬다.

우리는 도토리만 보고도 굴참나무를 그릴 수 있다. 도토리 같은 일상을 보고도 당신은 틀림없이 붉가시나무라고 알아본다. 우리는 굴참나무를, 붉가시나무를 삶의 경험을 통해 계속해서 그려왔다. 척 보면 알아차릴 수 있는 것이 일상이다.

'안녕', 이 말만큼 자신과 타인을, 자신과 사물을 무심결에, 강하게 연결하는 말도 없는 것 같다. 이 말은 공기를 꼬아 만든 동아줄 같다. 환호처럼도 들리고, 한숨처럼도 들린다. 다음을 기약한 작별 인사도 안녕이고, 이별을 예감하는 마지막 인사도 이것이면 충분하다. 사랑이 싹트는 예감도 '안녕'이라는 말에서 비롯한다.

'별일 없음', '아무 일 없는 하루'를 바라는 사람은 '지금 여기'의 일상이 행복한 사람이다. 한때 나는 행복한 사람은 시인이 될 수 없는 줄 알았다. 절대적인 궁핍까지 스스로를 몰고 갈 수 있어야, 생활이라는 것에서는 완전히 초탈해야 하는 줄 알

왔다.

"방 두 칸과 마루 한 칸과 말쑥한 부엌과 애처로운 처를 거느리고/외양만이라도 남과 같이 살아간다는 것"(「구름의 파수병」)이 시인 김수영이 이뤄낸 빛나는 '일상'이다. 그것을 시인은 쑥스러운 일이라도 말한다. 최선을 다해 일상을 보살피는 것은 부끄러운 일도, 죄짓는 일도 아니다. 과도한 칭찬을 들었을 때(이것은 아마도 스스로에게 건넨 것일 가능성이 크다) 우리는 '쑥스럽다'고 말한다.

김영진 시인은 시를 애틋하게, 오래도록 사랑해온 시인이다. 나는 그것을 오랫동안 지켜보면서 안쓰러운 생각도 들었다. 그는 시에 대한 하나의 포즈를 붉가시나무처럼 줄기차게 지켜왔다. 아름다운 시의 시대도 있었고, 난해한 시의 시대도 있었고, 실감나는 시의 시절도 있었다. 나무의 권력은 기다림에서 나온다. 시절을 좇지 않는 대신, 자신의 시절을 한 천 년쯤 기다릴 수 있다.

김영진 시인은 한 가정을 아름답게 꾸리고, 직장을 월급 이상의 의미로 살아내면서 나무처럼 시도 꿋꿋하게 기다렸다. 그렇게 그의 시의 시절이 왔다. 그 시절이 곧 가더라도 그는 한 시절의 시를 좇지는 않을 것이다. 우리가 최선을 다해, 최고의 시간으로 채워야 하는 것은 예술이 아니라 '일상'이라는 것을 잘 알기 때문이다. 어쩌다 행복한 삶은 20세기의 것이 되었다. 어쩌다는 이제 행복이 아니라 '불행' '슬픔' '아픔'과 어울린다. 우리는 21세기적으로 쭈~욱 행복할 것이다. 거기에 '시(詩)' 하나 편승해도 나쁘지 않을 것 같다.

조장군

무등산은 김덕령 장군의 산이라고 할 만큼 도처에 그의 이야기가 널려 있다. 또 무등산은 광주의 산으로 아는 사람이 많다. "광주와 무등산은 서로 떠나서 생각할 수 없게 되어 있지만 무등산은 행정구역상으로 광주시와 담양군, 화순군에 걸쳐 있는 산이다."[2] 대략 80km² 중 20km² 정도가 화순군에 속해 있다. 입석대, 규봉, 장불재, 백마능선, 시무지기폭포 등 명소 중의 명소가 화순에 속한다. 그러나 화순 사람들은 무등산을 화순의 산이라고 굳이 말하지 않는다.

화순에는 '조장군' 설화가 있다. 어느 날 조장군이 무등산으로 나무를 하러 갔다. 지공너덜에서 김덕령 장군과 마주쳤다. 둘은 단번에 서로가 범상치 않은 사내라는 것을 알아차렸다. 김덕령과 조장군의 힘겨루기가 시작되었다. 지공너덜 위쪽에서 김덕령이 큰 바위를 들어 던지면, 아래쪽에서 조장군이 받아냈다. 그리고 다시 김덕령에게 던졌다. 처음에는 그 힘이 비슷하였지만, 점점 조장군이 밀리며 패배하고 말았다. 이 이

---

2) 박선홍, 『무등산』, 전남매일출판국, 1976, 22~3쪽.

야기를 화순 사람들은 부끄럽게 생각하지 않는다. 때로는 자랑 같은 것이 담긴 어조로 말한다. 조장군이나 되었으니 아래쪽에서도 그 정도 받아냈지, 김덕령이 아래에 있었으면 택도 없었을 거야!

무등산은 광주의 산이다. 무등산에 닿은 안양산, 만연산만으로도 화순 사람들은 충분히 넉넉하다. 화(和)하고 순(順)한 사람들은 일상이 그렇다는 것이다. 무등산 자락을 맑게 흘러내려 동복댐에 모인 물을 지금도 광주 사람들이 마시고 산다. 잘 마시고 살아서 그냥 뿌듯하다.

김영진 시인은 '화순'이라는 말과 정말 딱 어울린다. 조장군이 진짜로 있었다면 김영진 시인을 꼭 닮았을 것이다. 누구에게나 쉽게 곁을 주고, 제 것을 잘도 내어준다. 생활을 위해 예술을 접은 사람도 있고, 예술을 핑계 삼아 생활을 저버린 사람도 더러 있다. 조금 늦더라도 생활과 시를 함께, 오래오래, 굳세게 품고 갈 수 있다. 역사에 이름을 떨치지 못하더라도 그만이다. 이렇게 화순의 무등산을 든든하게 짊어지고 나가는 이가 조장군이다.

    태풍이 지나간 수락폭포

    물줄기 커지고

    바위에 부딪치는 물길 거칠다

    차갑게 식은 골짜기

떨어지는 물기둥

그 기세에 눌려

물거품 이는 웅덩이

가까이 가지 못한다

바짝 좁아버린 몸

굳은 다리는

발가락조차 담그지 않고

꺾인 나뭇가지처럼

난간에 비스듬히 기대

외마디 소리도 내지 못했다

맷집 좋은 사내라고

불리던 적은 옛말

그때 휙 저기 폭포로 날아가는

조그만 멧새 한 마리

두들겨 맞더라도

일대일로 붙고 보는 싸움꾼처럼

폭포 향해 날아가

물길에 부리 꽂는다

저러다 날개 부러지지

걱정하는 순간

물길 속으로 사라졌다

—「멧새」 전문

누구라도 '일대일'로 사정 따지지 않고 붙어 볼 수 있는 이가 '조장군'이다. 엄두가 나지 않는 것들에 온몸을 던져 볼 수 있는 용기, 그래서 폭포(일상, 생활, 예술)를 향해 돌진해 보는 것이다. 김영진 시인은 오랫동안 펜의 부리를 벼려 이렇게 폭포를 뚫어내 그 뒤편에 시의 보금자리를 마련했다.

일상에 최선을 다하는 사람들은 어떤 역사적인 순간과 만날 때 순식간에 전사로 거듭나는 경우가 흔하다. 시인의 할아버지는 새로운 세상을 꿈꾸면서 산속으로 날아들어 간 멧새였다고 들었다. 그의 아버지는 80년 5월 도청 총무과의 직원으로 그 무서운 현장을 지켜내며 시민들과 함께한 멧새였다. 화순 조장군들의 이야기가 한자리에서 풀어질 날을 고대한다.

진영

'영진의 진영' '진영의 영진', 부부의 이름이 이렇다면 이름만으로도 백년회로 각(角)이다. "만일 내가 좋은 문장을 하나 썼는데, 우연히도 그것이 운율이 맞는 두 행이라고 한다면, 이는 실수일 것이다."[3] 두 사람의 사랑이 이름에서 시작이 되었는지, 첫눈에 시작이 되었는지는 알 수 없지만, 이십 대의 가장

---

3) 루드비히 비트겐슈타인, 앞의 책, 128쪽.

푸른 청춘의 골수를 영진은 진영 氏에게 온전히 바쳤다고 알고 있다.

　눈보라 그치고 눈발만 굵어지는 오후

　산행에서 돌아와 옷가지 말리는 내게 그날은 어떻게 돌아갔는지 묻는다

　그날에 대해 말한 적 없다 눈으로 덮어둔 추억쯤으로 간직했다

　삼십 년 된 청춘이 눈길 위로 걸어온다

　짝사랑 만나러 간 전주, 손잡으면 함께한 시간도 녹을까 용기 내지 못하던 날, 시간은 짧게 지났다

　남동생과 자취하던 송천동 집에 바래다주고 전주고속버스터미널로 가는 길

　버스 놓치지 않으려 뛰고 달렸으나 광주 가는 막차 놓쳤다

지갑엔 버스비만 남아 난로조차 꺼진 터미널 대합실에
서 새벽 첫차 기다렸다

신문지 두른 스무 살 눈사람, 낡고 긴 의자에 앉아 창밖
쏟아지는 흰 눈 바라보던 밤

불 꺼진 난로 곁에서 밤 새던, 얼굴만 봐도 몸이 얼지 않
던 대설 그 겨울
—「대설, 스무 살 그 겨울」 전문

시집의 도처에서 우리는 우연처럼 이루어진 두 문장 '진영∞영진', '영진∞진영'을 만날 수 있다. 그런데 뜨겁게 사랑을 하는 것과 한결같이 사랑을 하는 것은 다르다. 미소를 머금게도 하고, 닭살 돋게도 만든다. '운명 같은 실수'로 쓰인 문장들을 보면서, 우리는 우리의 기억을 새롭게 갈고, 닦아 볼 수 있다. 그것을 어떻게 갈고닦을 수 있을까. 조약돌과 같은 기억들을 잘 닦다 보면 거기에는 이렇게 토끼를 닮은 구름과 같은 무늬가 남아 있기도 하다. 당신은 이 그림을 오리라고 하더라도, 둘이 한 기억 속에 특별한 무늬를 남긴 것만은 변할 수 없는 사실이다. 기억을 갈고닦는 시간이 많을수록 우리가 살아온 날의 빛으로 오늘을 밝힐 수 있을 것이다.

그런데 지독한 짝사랑에는 얼마쯤의 보상심리가 작용하기

마련이다. '썸'이라는 말이 만들어진 지가 3~4년 된 것 같다. 이런 말은 원래 시인들이 발견해서 독자들이 자신의 감정을 새롭게 읽도록 해주어야 한다고 평소 생각했다. 이 말은 '대중가요'에 의해 발견되었고, 대중들에게 널리 퍼졌다. 사랑과 사랑 아닌 것 사이에 새로운 정서적 영역이 이 말을 통해 구축되었다. 잠시 기우는 마음을 한 차례 시소처럼 기울여 볼 수 있는 용기도 이 말 덕분에 얻게 되는지도 모른다.

    소주잔 비우듯 일하는 친구에게
    강 보러 가자 묻자 말없이 뒤따랐다

    해 지는 강 바라보면 물은 흘러와 몸에 고였다

    강물 따라 가는 눈길
    노을이 그녀 마른 어깨 위에 앉았다가 이내 물로 스몄다

    둑길 지나는 사람도 하나 둘 사라지고 노을마저 어둠으로 여울지는 강변
    차 세워둔 곳으로 돌아가는 길에 물었다

    "팔짱 끼고 걸을래? 내 팔뚝에도 강물이 흘러"

고양이마냥 회동그래진 눈

서로 눈 피한 채 강가 걸었다

힘든 친구 달래주러 간 길, 왜 난 엉뚱한 말을 했을까

걸은 지 얼마 지나지 않아

드들강 둑길에 웃음보가 터졌다

―「드들강」 전문

이 시를 읽고 나는 시인의 용기에 고개를 주억거렸다. 시인의 아내는 당사자가 오해라도 하면 어쩌려고 그러냐고 걱정을 했다. 시인은 '시는 시'라며 「드들강」을 사수했다. 그도 그럴 것이 그의 마음은 많은 여인들과 '시소(seesaw)'를 탄다. 「쥬단학 하늘 날다」에서는 어머니와 「초여름 첫날밤」에서는 아내와 「가을 저물녘」, 「작은 나비」에서는 딸들과 특별한 '썸을 탄다'. 넘어지면 부러지고, 부서지기도 쉬워진 시절을 살고 있다. 사랑 같은 것이 전부였던 때도 잠시 있었을 것이다. 여전히 이상만을 좇는 시인도 없지는 않다. 이상은 일상을 버려야 닿을 수 있는 것이 아니다. 이상은 일상을 이면으로 삼고, 일상은 이상을 이면으로 삼아 뫼비우스의 띠처럼 연결하는 것이 우리 시대에 어울린다. 일상과 이상은 '한 끗' 차이다.

위로

 아픈 사람은 더 아픈 사람을 보고 위로를 받는다. 시인을 앞세워 희망을 갈구하고 투쟁을 노래했던 시절이 있었다. 시를 놓지 못해 시를 쓰는 사람은 같은 이유로 시를 쓰는 사람을 보면서 위로를 받는다. 시라는 것이 좀 특별한 것이라고 여겼던 적도 있다.

 고통은 나의 고통이 유일하다. 기억하는 것은 사물이 아니라 우리의 경험인 까닭이다. 고통이든 기쁨이든 "우리의 유일한 기준은 우리가 기술한 그 행동뿐임을 제발 기억하라."[4] 시인이 줄 수 있는 최고의 위로는 '시'여야 마땅하다. 시가 아니라면 불가능한 위로가 있다.

> 속상하고 힘든 일이 있냐
> 물어도
> 꽃은 바람 따라 고개만 가로 젓는다
>
> 줄기 끝마다 수십 개씩
> 피어오르는 꽃봉오리
> 말이 없다

---

4) 루트비히 비트겐슈타인, 『청색책·갈색책』, 이영철 옮김, 책세상, 2012, 229쪽.

보라에서 분홍으로

빛깔 달리해 피는 꽃

어린 꽃 등교 위해

아파트 화단 앞에서 출근시간 미룬다

책상 앞에 엎드려

눈물 흘리던 꽃에게

이유 묻지 않았다

—「수국」 전문

 수국은 땅의 산성도에 따라서 꽃빛이 달라진다. 파란색, 보라색, 분홍색, 빨간색 꽃이 리트머스 종이처럼 펼쳐진다. 사춘기의 아이들은 받고 있는 사랑과 관심에 따라 하루하루 색을 달리하는 수국 꽃과 다르지 않음을 시인은 포착한다. 사춘기의 아이들에게는 보복을 염려하지 않고 마음껏 성질을 부릴 수 있는 어른이 절대적으로 필요하다고 한다. 그런 어른이 시를 쓰는 사람이라면 둘 모두에게 큰 위로가 될 것이다.

   밤꽃자루 거꾸로 매달아 놓은 듯 상여 위로 달빛 쏟아진다

손님 맞느라고 수척해진 아들과 며느리의 그림자 위로
달빛 제 숨결 내려놓는다

차일 쳐진 마당에서 아이스크림 물고 뛰어다니던 손자
도 어느새 마루 위에 잠들어 있다

아침이면 평생 일구시던 산비탈 밭으로 떠나야 할 사람,
거기 둥그렇게 앉아 계실 어머니 곁에서 소쩍새 운다

화톳불 꺼진 마당, 달빛으로 환하다 밤이 깊어도 달은
떠나지 않는다
—「달빛」전문

 삶에 대한 인식과 함께 생겨난 것이 죽음에 대한 의식이다.
삶에의 의지는 죽음에의 비의지와 궤를 같이한다. 모든 것이
신의 뜻이었던 때가 있었다. 죽음은 산 자의 몫이다. 죽음을
애도하는 것은 살아있는 사람들끼리 나누는 애도와 다르지
않다. 오늘처럼 당신의 죽음도, 나의 죽음도 애도될 것이다.
오늘의 달빛은 과거와 다르게 같고, 미래의 달빛과는 같게 다
르다. 산 자들이 나누는 애도 역시 이러한 달빛과 다르지 않
다. 달빛의 위로는 소리보다는 다독임에 가깝다. 달빛의 위로
를 가장 닮은 이 시는 사랑하는 이를 떠나보낸 이들에게는 세

상에서 가장 깊고 그윽한 위로가 되어줄 것이다.

일상

역사와 함께하는 시인의 언어에는 따뜻한 결기 같은 것이 느껴진다. 제주 4·3의 아픔에 공감하는 「신홍리 동백이 핀다」, 「준배 형 생각」, 「38년만의 미투」, 「꽃피는 길 막을 수 없어」와 같은 시들이 그렇다. 이런 역사들은 시인이 아니더라도 기억하는 사람들이 많다. 조금씩은 다르겠지만 무사히 역사가 될 것이다.

시인이 아니었다면 지구를 스쳐간 중력파처럼 우주로 흩어질 게 뻔한 이야기들이 있다. 이 이야기를 역사로 기록해주는 것이 시인의 아름다운 임무가 되고 있다. 누가 봐도 시(詩)라고 알아볼 수 있는 글은 이제 사람의 손으로 쓰지 않아도 되는 시대가 와 있다.

세상의 모든 시를 아는 시인은 없다. 그런데 인공지능은 세상의 모든 시를 알 수 있고, 그것을 기억할 수도 있다. 그러니 어떤 시인보다 시 같은 시를 써낼 수 있다. 물론 이 분야는 '돈벌이'가 되지 않아, 자본이 관심을 보이지 않는 것은 그나마 작고 궁색한 위안이라고 할 수 있겠다.

목욕탕에 다녀오시나, 두 분 할머니

껍질 벗긴 삶은 계란마냥

하얗고 말간 얼굴로

서로 정담 나누시며 걷는다

동생, 이제 집에 가면 뭐 할랑가?

뭐 하긴요, 시장에나 갈라요

장에는 뭐 하러 갈라고 그란가?

영감 팔러 갈라 그라요

엥, 얼마에 팔라고 그란디?

오천만 원만 주면 팔라고 그라요

오메야, 팔릴랑가 모르것네

그란디 그 돈 받으면 어디따 쓸라고?

천만 원짜리 영감 있음 바꿀라고 그라요

목욕 바구니 나란히 든 두 분

구부러진 등 위로 햇살이

깔깔깔 빛난다

—「할머니 듀오」 전문

  구부러진 등 위로 '깔깔깔' 빛나는 햇살을 시인이 지나치고 말았다면 어땠을까! 지구에는 이 글이 남지 않았을 것이다. 또 전파를 타고 방방곡곡에 울려 퍼지지도 못했을 것이다. 이 이야기를 라디오에서 전해들은 사람들의 얼굴에 햇살이 다시 퍼지는 일도 없었을 것이다. 이 시를 지은 사람은 누구라고 해야 할까? 원저자는 '할머니 듀오'이고, 저작권자는 '시인'이 분명하다. 둘의 공동 저작이라고 해도 좋겠다.

영구임대아파트에서 백 일간 여섯 분 돌아가셨다

스스로 목숨 끊었다

아흔 살 넘은 노인 잠든 손자 두고 자신 지탱하던 보행기 밟고 뛰어내렸다

아픈 손자도 할아버지께서 사라진 어둠 속으로 아슬아슬한 삶 맡겼다

밥 먹을 때라도 패지 말라며 울부짖던 장애인, 아버지가 음주 폭력으로 경찰에게 잡혀가자 집 밖으로 뛰어내렸다

아파트 복도 울음소리 멈췄다

가계 빚 쪼들리던 아주머니는 희망보다 절망이 익숙하고 죽음은 삶보다 두렵지 않았다

여섯 분 돌아가신 뒤 자리가 빈 영구임대아파트 들어갈
수 있느냐 문의 이어졌다

당장 들어가시기는 힘들고 신청자 많아 일 년 이상 기다
려야 한다는 답 드렸다
—「영구임대아파트 입주 문의」 전문

우리는 삶과 죽음의 아이러니 속에서 산다. 좀 더 구체적으로 묘사하면 삶과 죽음의 뫼비우스의 띠 위를 걷는 모습을 그려볼 수 있다. 죽음을 이면으로 삼은 삶을 살고, 삶을 이면으로 삼아 죽음을 향해 걸어간다. 죽음은 까마득히 멀리, 나에게는 닥치지 않을 것같이 멀리 있는 것 같다. 그러나 조금만 뉴스에 귀를 기울이면, 갑작스러운 죽음이 얼마나 도처에 도사리고 있는지 금세 알 수 있다.

죽음과 삶에 대한 최선의 아포리즘은 '필사즉생(必死卽生), 필생즉사(必生卽死)'일 것이다. 이에 못지않은 아포리즘이 이 시에도 있다. '영구'라는 말이 그렇다. 영구(永久)라고 쓰면 인간의 가장 근원적, 최종적 욕망이 된다. 이것은 불멸(不滅)과 짝을 이룬다.

영구(靈柩)라고 쓰면 이것은 인간이 상상할 수 있는 가장 두렵고, 난처하고, 상상하기도 싫은 공간이다. 차(車)와 붙여

서 쓴다. '영구임대 아파트'라고 읽으면 '영원한 임대'라는 말이 된다. 죽는 날까지 집을 빌려서 살 사람이 되는 것이다. '영구 임대아파트'라고 쓰면 임대아파트는 '차(車)'와 크게 다르지 않다.

백 일 동안 '여섯 분 돌아가신 뒤 빈 영구임대아파트 들어갈 수 있느냐 문의'가 이어진다. 이렇게 줄줄이 죽어나가는 '영구임대아파트'에 신청자가 많아 "일 년 이상 기다려야 한"단다. 영구(永久)와 영구(靈柩)의 극단적인 아포리즘 사이에서 우리의 일상은 진동한다.

문의

1990년대는 일상이 예술을 위해 바쳐졌던 시대의 끝자락이었다. 그 변곡점을 지나오면서 우리는 불운한 시대를 살고 있다고 생각할 때가 많았다. 2010년대에 사십 대를 보내면서 나는 시(詩)만을 생각하면서 살지 않은 것이 얼마나 다행이었는가를 생각하는 때가 많아졌다.

2000년대 초반 10년은 인류의 지향과 가치가 급격하게 변곡하는 티핑포인트(Tipping)와 다르지 않았다. 과학기술의 기하급수적 발달로 인류는 BNIC(바이오, 나노, 정보, 인지)의 발전을 통해 인간 이상의 존재를 창조할 수 있을 것이라는 기대와 두려움을 동시에 품게 되었다. 그러다 2019년 코로나19

와 맞닥뜨렸다. 인간이 얼마나 미거하고 나약한 존재인지가 백일하에 드러났다. '일상의 회복'은 지금 이 시간 전 인류의 가장 소중한 소망이 되었다.

   그러나 우리는 코로나19 이전의 일상으로 되돌아가지는 않을 것이다. 우리의 일상은 새로운 가치 지향, 삶의 의지와 함께 새롭게 쓰일 수 있어야 한다. 어떤 일상이 가장 소중한 일상인가 새삼스럽고도 진지하게 고민을 해야 할 때다. 우리는 어떤 일상으로 새롭게 '입주'해야 할까? 때마침 출간한 김영진 시인의 첫 시집은 새로운 일상 입주를 문의하는 이들에게 정말 소중한 선물이 될 것이다.

시인동네 시인선 157

영구임대아파트 입주 문의
ⓒ 김영진

초판 1쇄 발행　2021년 8월 20일
초판 2쇄 발행　2021년 12월 28일
지은이　김영진
펴낸이　김석봉
디자인　헤이존
펴낸곳　문학의전당
출판등록　제448-251002012000043호
주소　충북 단양군 적성면 도곡파랑로 178
전화　043-421-1977
전자우편　sbpoem@naver.com

ISBN　979-11-5896-522-8　03810

*이 책의 판권은 지은이와 문학의전당에 있습니다.
*양측의 서면 동의 없는 무단 전재 및 복제를 금합니다.
*잘못 만들어진 책은 바꿔드립니다.
*이 시집은 2021 전라남도, 전남문화재단 지역문화예술특성화지원사업으로 제작되었습니다.
*이 시집은 〈2021 문학나눔 도서보급사업〉에 선정되었습니다.